*Selected Masterpieces of*

# Polish Poetry

translated from the Polish by Jarek Zawadzki

BOOKSURGE
WWW.BOOKSURGE.COM
2007

© Copyright for the English translation by Jarosław Zawadzki 2007

**ISBN 1-4196-7999-6**

First edition, BookSurge, 2007

Cover art:
*Mickiewicz on the Cliff of Yudah*, an oil painting by Walenty Wańkowicz

## THANKSGIVING PRAYER WITH A REPROACH

*You haven't made me blind*
*Thanks be to You, oh, Lord*
*You haven't made me hunchbacked*
*Thanks be to You, oh, Lord*
*You haven't made me a child of an alcoholic*
*Thanks be to You, oh, Lord*
*You haven't made me a hydrocephalic*
*Thanks be to You, oh, Lord*
*You haven't made me a stutterer a cripple a dwarf an epileptic*
*a hermaphrodite a horse or moss or any other specimen of flora and fauna*
*Thanks be to You, oh, Lord*
*But why have You made me Polish?*

Andrzej Bursa (1932–1957)

## MODLITWA DZIĘKCZYNNA Z WYMÓWKĄ

*Nie uczyniłeś mnie ślepym*
*Dzięki Ci za to Panie*
*Nie uczyniłeś mnie garbatym*
*Dzięki Ci za to Panie*
*Nie uczyniłeś mnie dziecięciem alkoholika*
*Dzięki Ci za to Panie*
*Nie uczyniłeś mnie wodogłowcem*
*Dzięki Ci za to Panie*
*Nie uczyniłeś mnie jąkałą kuternogą karłem epileptykiem*
*hermafrodytą koniem mchem ani niczym z fauny i flory*
*Dzięki Ci za to Panie*
*Ale dlaczego uczyniłeś mnie Polakiem?*

Andrzej Bursa (1932–1957)

# Table of Contents

TRANSLATOR'S NOTE ..................................................... 7

BOGURODZICA ................................................. 10
MOTHER OF GOD ........................................................ 11

PIEŚŃ XXV .......................................................... 12
SONG XXV ................................................................ 13

NA ZDROWIE ...................................................... 14
ON HEALTH ............................................................... 15

CZŁOWIEK BOŻE IGRZYSKO ................................ 16
GOD'S PLAYTHING MAN ........................................ 17

NIESTATEK ......................................................... 18
FICKLE ..................................................................... 19

DO TRUPA ........................................................... 20
TO A CORPSE .......................................................... 21

BÓG SIĘ RODZI, MOC TRUCHLEJE ..................... 22
WHEN GOD IS BORN, NO POWER PREVAILS .......... 23

MARNOŚĆ ............................................................ 26
VANITY .................................................................... 27

TESTAMENT MÓJ ................................................ 28
MY TESTAMENT ..................................................... 29

[W PAMIĘTNIKU ZOSI BOBRÓWNY] ................... 32
[IN SOPHIE'S DIARY] ............................................. 33

W WERONIE ....................................................... 34
IN VERONA ............................................................. 35

MOJA PIOSNKA (II) ............................................ 36
MY LITTLE SONG (II) ............................................. 37

BURZA ................................................................. 38
THE TEMPEST ........................................................ 39

DO*** NA ALPACH W SPLÜGEN 1829 .............. 40
TO*** UPON THE ALPS IN SPLÜGEN 1829 ............ 41

| | |
|---|---|
| NIEPEWNOŚĆ | 42 |
| UNCERTAINTY | 43 |
| DO MEGO CICERONE | 46 |
| TO MY CICERONE | 47 |
| ODA DO MŁODOŚCI | 48 |
| ODE TO YOUTH | 49 |
| [BROŃ MNIE PRZED SOBĄ SAMYM] | 54 |
| [DEFEND ME FROM MYSELF] | 55 |
| DO MŁODYCH | 56 |
| TO THE YOUNG | 57 |
| DAREMNE ŻALE | 58 |
| OH, VOID COMPLAINTS | 59 |
| MIĘDZY NAMI NIC NIE BYŁO | 60 |
| NO, NOTHING HAPPENED THERE | 61 |
| SONET (JEDNEGO SERCA) | 62 |
| A SONNET (ONE HEART) | 63 |
| KONIEC WIEKU XIX | 64 |
| THE END OF THE 19th CENTURY | 65 |
| HYMN DO NIRWANY | 66 |
| HYMN TO NIRVANA | 67 |
| WITAJCIE, KOCHANE GÓRY | 68 |
| WELCOME MY BELOVED MOUNTAINS | 69 |
| FIRMA PORTRETOWA | 72 |
| A PORTRAIT COMPANY | 73 |
| [NIECH NIKT NAD GROBEM MI NIE PŁACZE] | 74 |
| [I WANT NO WEEPING AT MY GRAVE] | 75 |

# TRANSLATOR'S NOTE

The selection of poems in this anthology may seem a bit unorthodox for Polish literature experts. I have no degree or expertise in any sort of literary research, which may well be the reason for my bizarre taste as presented here. I have tried my very best to include mainly those poems that are obligatory readings in Polish high schools, so that the English Reader can have the chance to get to know a portion of the choicest Polish poetry that an average Pole has willy-nilly come across in his life (one of the poems happens to be a well-known Christmas carol, even). However, Witkacy's poem about his portrait company might be an exception to the rule. I have (un)fortunately excluded all the longer though important and well-known poems, since I have my deep and well-grounded doubts whether they would ever get read. Sigh. Again, *Ode to Youth* by Adam Mickiewicz is an exception and hopefully some will read it.

I do realize that for the Modern Reader, it may come as a very odd practice to use the thou-thee-thy forms even in translations of classical poetry. I have made use of them, but only in the earlier poems i.e. since the beginnings to the romanticism inclusively. My reason for doing so is the fact that the English (British) poets of the said periods were using these forms rather extensively and on a very much regular basis even though the forms themselves had gone out of current use at the time of writing.

Some Readers might also complain about my inclusion of rhyme, which may lead to loss or alteration of the original meaning. Well, this is no legal treaty or technical documentation. It's poetry, people. It's meant to be read for pleasure, not literary or linguistic study. If you are interested in a serious and full-fledged study of Polish poetry, looking into the originals would be a preferable course to follow. What has been lost (or added) in my translations constitutes but a negligible part and concerns a few lines only.

Jarek Zawadzki
smallwall@gmail.com
Shenzhen, 2007

# Wiersze
# Poems

# BOGURODZICA

*anonim z XIII wieku*

Bogurodzica dziewica, Bogiem sławiena Maryja,
U twego Syna Gospodzina matko zwolena, Maryja!
Zyszczy nam, spuści nam.
*Kyrie eleison!*

Twego dziela Krzciciela, bożycze,
Usłysz głosy, napełń myśli człowiecze.
Słysz modlitwę, jąż nosimy,
A dać raczy, jegoż prosimy:
A na świecie zbożny pobyt,
Po żywocie raski przebyt.
*Kyrie eleison!*

# MOTHER OF GOD

*anonymous, 13th century*

Virgin, Mother of God, God-famed Mary!
Ask Thy Son, our Lord, God-named Mary,
To have mercy upon us and hand it over unto us!
*Kyrie eleison!*[1]

Son of God, for Thy Baptist's[2] sake,
Hear the voices, fulfill the pleas we make!
Listen to the prayer we say,
For what we ask, give us today:
Life on earth free of vice;
After life: paradise!
*Kyrie eleison!*

---

[1] In Greek: "Lord, have mercy upon us!"
[2] Jesus' Baptist, that is John the Baptist.

# PIEŚŃ XXV
*Jan Kochanowski (1530–1584)*

Czego chcesz od nas, Panie, za Twe hojne dary?
Czego za dobrodziejstwa, którym nie masz miary?
Kościół Cię nie ogarnie, wszędy pełno Ciebie:
I w otchłaniach, i w morzu, na ziemi, na niebie.

Złota też, wiem, nie pragniesz, bo to wszytko Twoje,
Cokolwiek na tym świecie człowiek mieni swoje.
Wdzięcznym Cię tedy sercem. Panie, wyznawamy,
Bo nad to przystojniejszej ofiary nie mamy.

Tyś Pan wszytkiego świata. Tyś niebo zbudował
I złotymi gwiazdami ślicznieś uhaftował.
Tyś fundament założył nieobeszłej ziemi
I przykryłeś jej nagość zioły rozlicznemi.

Za Twoim rozkazaniem w brzegach morze stoi
A zamierzonych granic przeskoczyć się boi.
Rzeki wód nieprzebranych wielką hojność mają,
Biały dzień a noc ciemna swoje czasy znają.

Tobie k'woli rozliczne kwiatki Wiosna rodzi,
Tobie k'woli w kłosianym wieńcu Lato chodzi,
Wino Jesień i jabłka rozmaite dawa,
Potym do gotowego gnuśna Zima wstawa.

Z Twej łaski nocna rosa na mdłe zioła padnie,
A zagorzałe zboża deszcz ożywia snadnie.
Z Twoich rąk wszelkie źwierzę patrza swej żywności,
A Ty każdego żywisz z Twej szczodrobliwości.

Bądź na wieki pochwalon, nieśmiertelny Panie!
Twoja łaska, Twa dobroć nigdy nie ustanie.
Chowaj nas, póki raczysz, na tej niskiej ziemi,
Jedno zawżdy niech będziem pod skrzydłami Twemi.

# SONG XXV

*by Jan Kochanowski (1530–1584)*

What wishest Thou for all the lavish gifts of Thine?
What for Thy benefactions boundless and divine?
The Church cannot contain Thee, Thou art everywhere:
Down in the depths and seas, in the earth and in the air.

For gold Thou cravest not, belongeth all to Thee
Whate'er on earth a man his own may claim to be.
And so with grateful hearts we worship Thee, O Lord,
Because no better offering can we afford.

Thou rul'st the world, and Thou alone hast made the sky,
With golden stars that shine so finely there on high.
Thou hast laid the foundations of the earth immense,
Its naked plains lie covered with Thy herbage dense.

The seas abide within their shores by Thy command,
For they dare not outside the drafted bounds expand;
The days and eves observe their timing all year round;
And all the brooks and streams in water now abound.

By Thy decree, all sundry flowers in Spring are born,
Likewise a grain-ear wreath shall Summer's head adorn.
Fresh wine and varied apples Autumn doth beget.
And only then the Winter comes, when all is set.

And by Thy grace sweet dew may on dull herbage fall,
And sun-burnt crops the rain will soon to life recall.
All animals in search of food resort to Thee:
Thou feedest them out of Thy generosity.

Be praised our everlasting Lord! Be praised for ever!
Thy grace and Thy benevolence depleting never!
Look after us on earth if Thou but wishest, oh,
And with Thy wings please cover us that walk below!

# NA ZDROWIE
*Jan Kochanowski (1530–1584)*

Ślachetne zdrowie,
Nikt się nie dowie,
Jako smakujesz,
Aż się zepsujesz.

Tam człowiek prawie
Widzi na jawie
I sam to powie,
Że nic nad zdrowie
Ani lepszego,
Ani droższego;

Bo dobre mienie,
Perły, kamienie,
Także wiek młody
I dar urody,
Mieśca wysokie,
Władze szerokie
Dobre są, ale –
Gdy zdrowie w cale.
Gdzie nie masz siły,
I świat niemiły.
Klinocie drogi,
Mój dom ubogi
Oddany tobie
Ulubuj sobie!

# ON HEALTH

*by Jan Kochanowski (1530–1584)*

My good and noble health,
Thou matt'reth more then wealth.
None know'th thy worth until
Thou fad'st, and we fall ill.

And every man can see,
In stark reality,
And every man will say:
"'Tis health I need today".

No better thing we know,
No dearer gem we owe,
For all that we possess:
Pearls, stones of great finesse,
High offices and power
– One may enjoy this hour –
And so the gifts of youth,
And beauty are, in truth,
Good things, but only when
Our health is with us then.
For when the body's weak,
The world around is bleak.
O jewel dear, my home
Awaiteth thee to come;
With thee it shall not perish.
'Tis all for thee to cherish.

# CZŁOWIEK BOŻE IGRZYSKO

*Jan Kochanowski (1530–1584)*

Nie rzekł jako żyw żaden więtszej prawdy z wieka,
Jako kto nazwał bożym igrzyskiem człowieka.
Bo co kiedy tak mądrze człowiek począł sobie,
Żeby się Bóg nie musiał jego śmiać osobie?
On, Boga nie widziawszy, taką dumę w głowie
Uprządł sobie, że Bogu podobnym się zowie.
On miłością samego siebie zaślepiony,
Rozumie, że dla niego świat jest postawiony;
On pierwej był, niżli był; on, chocia nie będzie,
Przedsię będzie; próżno to, błaznów pełno wszędzie.

# GOD'S PLAYTHING MAN
*by Jan Kochanowski (1530–1584)*

No truer words were ever spoken than
A plaything of our Lord to call a man.
For is there anything a man has tried
That God's in no position to deride?
He's seen no God, but still he is so proud
That a god-like one he calls himself aloud.
His senses all with selfish love gone blind,
He thinks the world for him alone designed.
He'd been before he was; when he's not there,
He shall remain. Oh, fools are everywhere.

# NIESTATEK
*Jan Andrzej Morsztyn (1621–1693)*

Prędzej kto wiatr w wór zamknie, prędzej i promieni
  Słonecznych drobne kąski wżenie do kieszeni,
Prędzej morze burzliwe groźbą uspokoi,
  Prędzej zamknie w garść świat ten, tak wielki, jak stoi,
Prędzej pięścią bez swojej obrazy ogniowi
  Dobije, prędzej w sieci obłoki połowi,
Prędzej płacząc nad Etną łzami ją zaleje,
  Prędzej niemy zaśpiewa, i ten, co szaleje,
Co mądrego przemówi: prędzej stała będzie
  Fortuna, i śmierć z śmiechem w jednym domu siędzie,
Prędzej prawdę poeta powie i sen płonny,
  Prędzej i aniołowi płacz nie będzie plonny,
Prędzej słońce na nocleg skryje się w jaskini,
  W więzieniu będzie pokój, ludzie na pustyni,
Prędzej nam zginie rozum i ustaną słowa,
  Niźli będzie stateczną która białogłowa.

# FICKLE

*by Jan Andrzej Morsztyn (1621–1693)*

Sooner will a man the winds ensnare, and sooner still
    With tiny bits of sunny rays his pocket fill;
Sooner will he, with a threat, the stormy oceans calm,
    Or grasp the world immense and keep it in his palm;
Sooner will he, hurting not himself, a bonfire slap,
    Or all the clouds upon the sky with a net entrap;.
Sooner will in bitter tears the Mount of Etna drown,
    And sooner will a deaf-mute sing, a downright clown
Utter something wise; and sooner will the wayward fate
    Be fixed, and death and laugh be one another's mate;
Sooner will a dream be true and poets cease to lie;
    Of no avail will sooner be an angel's cry;
Sooner will the sun at dusk into a cavern sail,
    Or there'll be people in the wild, or peace in jail;
Sooner will our minds be gone and words will cease to flow
    Than constancy may any woman ever know.

# DO TRUPA

*Jan Andrzej Morsztyn (1621–1693)*

Leżysz zabity i jam też zabity,
Ty – strzałą śmierci, ja – strzałą miłości,
Ty krwie, ja w sobie nie mam rumianości,
Ty jawne świece, ja mam płomień skryty,

Tyś na twarz suknem żałobnym nakryty,
Jam zawarł zmysły w okropnej ciemności,
Ty masz związane ręce, ja wolności
Zbywszy mam rozum łańcuchem powity.

Ty jednak milczysz, a mój język kwili,
Ty nic nie czujesz, ja cierpię ból srodze,
Tyś jak lód, a jam w piekielnej śreżodze.

Ty się rozsypiesz prochem w małej chwili,
Ja się nie mogę, stawszy się żywiołem
Wiecznym mych ogniów, rozsypać popiołem.

# TO A CORPSE

*by Jan Andrzej Morsztyn (1621–1693)*

In death reposest thou, and I in death repose.
Thou slain by an arrow, I am poisoned by desire.
While thou art full of blood, my cheek has lost its rose.
Bright candles by thy side, in me a secret fire.

In a shroud of mourning liest thou among the woes,
My senses in a horrid darkness trapped expire.
Thy hands are bound, my freedom's gone; eternal throes
Of death have chained my mind upon a funeral pyre.

Thou speakest not, I cannot cease to moan all day.
Thy senses gone, I suffer from a dreadful pain.
Thou cold as ice, my entrails burn with flames insane.

Thy body soon will turn and into ash decay,
But I, a goad of my eternal blaze of lust,
Cannot disintegrate and simply turn to dust.

# BÓG SIĘ RODZI, MOC TRUCHLEJE
*Franciszek Karpiński (1741–1825)*

Bóg się rodzi, moc truchleje,
Pan niebiosów obnażony!
Ogień krzepnie, blask ciemnieje,
ma granice Nieskończony;
Wzgardzony okryty chwałą,
śmiertelny Król nad wiekami!
A Słowo ciałem się stało
i mieszkało między nami.

Cóż masz, niebo, nad ziemiany?
Bóg porzucił szczęście swoje,
wszedł między lud ukochany,
dzieląc z nim trudy i znoje.
Niemało cierpiał, niemało,
żeśmy byli winni sami.
A Słowo ciałem się stało
i mieszkało między nami.

W nędznej szopie urodzony,
żłób Mu za kolebkę dano!
Cóż jest, czym był otoczony?
Bydło, pasterze i siano.
Ubodzy, was to spotkało
witać Go przed bogaczami!
A Słowo ciałem się stało
i mieszkało między nami.

Potem i króle widziani
cisną się między prostotą.
Niosąc dary Panu w dani:
Mirrę, kadzidło i złoto.
Bóstwo to razem zmieszało
z wieśniaczymi ofiarami.
A Słowo ciałem się stało
i mieszkało między nami.

# WHEN GOD IS BORN, NO POWER PREVAILS
*by Franciszek Karpiński (1741–1825)*

When God is born, no power prevails,
Our Lord in nakedness enwound.
All fire congeals, all luster pales,
Contained is He that knows no bound.
Despised, in glory comes untold,
A mortal king for aye to reign.
The Word of God in flesh behold,
Now born to share our life mundane.

What have ye Heavens o'er the earth,
That God forsook His sweet delight,
And wished to take a human birth,
To share our every toil and plight?
And He did suffer unconsoled,
And we were guilty of His pain.
The Word of God in flesh behold,
Now born to share our life mundane.

A meager shed for Him they found,
And in a manger there He lay.
What was He, and what was there 'round?
Poor shepherds, cattle, sheep and hay.
The poor had hailed Him, we are told,
Before the rich would entertain.
The Word of God in flesh behold,
Now born to share our life mundane.

'Twas then, they say, appeared the kings,
And jostled through the gathering dense.
For Him they brought their offerings:
The myrrh, and gold, and frankincense.
The frankincense, and myrrh, and gold
With rustic gifts He did retain.
The Word of God in flesh behold,
Now born to share our life mundane.

Podnieś rękę, Boże Dziecię,
błogosław ojczyznę miłą,
w dobrych radach, w dobrym bycie
wspieraj jej siłę swą siłą,
dom nasz i majętność całą
i wszystkie wioski z miastami.
A Słowo ciałem się stało
i mieszkało między nami.

Raise now Thy hand, oh Child divine,
And bless our homeland from the Height.
By good advice and times benign,
Support her strength with Thine own might:
The hamlets, cities and the wold,
Our houses, and our every gain.
The Word of God in flesh behold,
Now born to share our life mundane.

# MARNOŚĆ
*Daniel Naborowski (1573–1640)*

Świat hołduje marności
I wszytkie ziemskie włości;
To na wieki nie minie,
Że marna marność słynie.
Miłujmy i żartujmy,
Żartujmy i miłujmy,
Lecz pobożnie, uczciwie,
A co czyste, właściwie.
Nad wszytko bać się Boga –
Tak fraszką śmierć i trwoga.

# VANITY

*by Daniel Naborowski (1573–1640)*

The world adheres to vanity,
And craves all earthly property.
No centuries will ever tame,
Vanity's most meager fame.
Let's love and joke, lets joke and love,
But always mind the Heavens above,
Full piously and honestly.
All that is pure take properly.
But first of all do fear God's might!
A trifle then both death and fright.

# TESTAMENT MÓJ
*Juliusz Słowacki (1809–1849)*

Żyłem z wami, cierpiałem i płakałem z wami,
Nigdy mi, kto szlachetny, nie był obojętny,
Dziś was rzucam i dalej idę w cień – z duchami –
A jak gdyby tu szczęście było – idę smętny.

Nie zostawiłem tutaj żadnego dziedzica
Ani dla mojej lutni, ani dla imienia; –
Imię moje tak przeszło jako błyskawica
I będzie jak dźwięk pusty trwać przez pokolenia.

Lecz wy, coście mnie znali, w podaniach przekażcie,
Żem dla ojczyzny sterał moje lata młode;
A póki okręt walczył – siedziałem na maszcie,
A gdy tonął – z okrętem poszedłem pod wodę...

Ale kiedyś – o smętnych losach zadumany
Mojej biednej ojczyzny – przyzna, kto szlachetny,
Że płaszcz na moim duchu był nie wyżebrany,
Lecz świetnościami dawnych moich przodków świetny.

Niech przyjaciele moi w nocy się zgromadzą
I biedne serce moje spalą w aloesie,
I tej, która mi dała to serce, oddadzą –
Tak się matkom wypłaca świat, gdy proch odniesie...

Niech przyjaciele moi siądą przy pucharze
I zapiją mój pogrzeb – oraz własną biédę:
Jeżeli będę duchem, to się im pokażę,
Jeśli Bóg uwolni od męki – nie przyjdę...

Lecz zaklinam – niech żywi nie tracą nadziei
I przed narodem niosą oświaty kaganiec;
A kiedy trzeba, na śmierć idą po kolei,
Jak kamienie przez Boga rzucane na szaniec!...

Co do mnie – ja zostawiam maleńką tu drużbę
Tych, co mogli pokochać serce moje dumne;
Znać, że srogą spełniłem, twardą bożą służbę
I zgodziłem się tu mieć – niepłakaną trumnę.

# MY TESTAMENT
*by Juliusz Słowacki (1809–1849)*

I lived with you, I grieved, and many a tear I shed.
In truth, I never did a noble soul defy.
Now it is time for me to go and join the dead.
Seems like it's joy I leave on earth – so sad am I.

To my inheritance on earth I leave no heir,
Nor to this lute of mine nor even to my name;
My name has but dashed through, much like a lightening glare,
For aye it shall remain an empty sound and tame.

But you that knew me well, in you reports convey
That all my younger years were for my country spent:
While battle raged, at mast I stood, be as it may,
And with the ship I drowned when vanquished down she went.

But he – that may reflect upon the detriment
Of my poor fatherland – will say, if well-intended,
That my mind's mantle was no drab for beggars meant,
But with the splendor of my ancient fathers splendid.

Oh that my friends at night together gathered be,
And this sad heart of mine in leaves of aloe burn!
And give it then to her who's given it to me.
Thus mothers are repaid: with ashes in the urn.

Oh that my friends around a goblet sit once more,
And drink unto my funeral and their poor lot.
Be I a ghost, I will appear and join them or –
If God may spare me pain and torture – I shall not.

But I beseech you – there is hope while there is breath.
Do lead the nation with a wisdom's torch held high,
And one by one, if needed be, go straight to death,
As God-hurled stones that densely over ramparts fly.

And as for me, I leave behind a group of friends,
Who for my haughty heart much love did have and room.
I did God's hardest service, now the duty ends,
And I agree to have an unlamented tomb.

Kto drugi tak bez świata oklasków się zgodzi
Iść... taką obojętność, jak ja, mieć dla świata?
Być sternikiem duchami napełnionéj łodzi,
I tak cicho odlecieć, jak duch, gdy odlata?

Jednak zostanie po mnie ta siła fatalna,
Co mi żywemu na nic... tylko czoło zdobi;
Lecz po śmierci was będzie gniotła niewidzialna,
Aż was, zjadacze chleba – w aniołów przerobi.

Who else would like to try, without the world's applause,
Unto the world displaying but indiffërence,
To be a helmsman in a boat of ghosts – as I was –
And then as lightly as a ghost to vanish hence?

But after me remains, howe'er, the fateful force
That, of no use in life, adorned my forehead tall;
But it will press you when I die, without remorse,
So that, bread-eaters, you become sheer angels all.

# [W PAMIĘTNIKU ZOSI BOBRÓWNY]
*Juliusz Słowacki (1809–1849)*

Niechaj mię Zośka o wiersze nie prosi,
Bo kiedy Zośka do ojczyzny wróci,
To każdy kwiatek powie wiersze Zosi,
Każda jej gwiazdka piosenkę zanuci.
Nim kwiat przekwitnie, nim gwiazdeczka zleci,
Słuchaj – bo to są najlepsi poeci.

Gwiazdy błękitne, kwiateczki czerwone
Będą ci całe poemata składać.
Ja bym to samo powiedział, co one,
Bo ja się od nich nauczyłem gadać;
Bo tam, gdzie Ikwy srebrne fale płyną,
Byłem ja niegdyś, jak Zośka, dzieciną.

Dzisiaj daleko pojechałem w gości
I dalej mię los nieszczęśliwy goni.
Przywieź mi, Zośko, od tych gwiazd światłości,
Przywieź mi, Zośko, z tamtych kwiatów woni,
Bo mi zaprawdę odmłodnieć potrzeba.
Wróć mi więc z kraju taką – jakby z nieba.

# [IN SOPHIE'S DIARY]
*by Juliusz Słowacki (1809–1849)*

For poems, Sophie, ask me not, I pray.
When thou art back in Poland's merry clime,
A flower will sing a song for thee each day,
A star at night will make for thee a rhyme.
Before the flower may die, before the star may fall,
Listen! They are the finest poets of them all.

The stars so blue, the flowers so lovely red
Whole epics, Sophie, will compose for thee.
Know that what they will say, I might have said,
For they have sown the grains of words in me.
And where the silver waves of Ikwa flow so mild,
I used to be, just like Sophia, once, a child.

Now I have left to roam in lands so far,
A winding path is now my only bower.
Oh bring to me some brightness of that star!
Oh bring to me some fragrance of that flower!
I need rejuvenation, so come back to me
From Poland as if from the skies. I wait for thee.

# W WERONIE
*Cyprian Kamil Norwid (1821–1883)*

1
Nad Kapuletich i Montekich domem,
Spłukane deszczem, poruszone gromem,
Łagodne oko błękitu — —

2
Patrzy na gruzy nieprzyjaznych grodów,
Na rozwalone bramy do ogrodów,
I gwiazdę zrzuca ze szczytu —

3
Cyprysy mówią, że to dla Julietty,
Że dla Romea, ta łza znad planety
Spada – i groby przecieka;

4
A ludzie mówią, i mówią uczenie,
Że to nie łzy są, ale że kamienie,
I – że nikt na nie nie czeka!

# IN VERONA

*by Cyprian Kamil Norwid (1821–1883)*

1
O'er the abodes o'the Capulets and Montagues,
The gentle eye there in the spacious skies now views,
By thunder whipped and washed with rain — —

2
The lonesome ruins of the two adverse estates,
The once so splendid, now demolished, garden gates;
And casts a star from the heavenly plain —

3
The cypress says: For Romeo and Juliet
It is a tear that permeates their tombs so wet,
And drenches them – now even more.

4
But many people, in a sagely fashion, say
That it is rocks and stones not tears that fall today,
Stones and rocks – that none's been waiting for!

# MOJA PIOSNKA (II)
*Cyprian Kamil Norwid (1821–1883)*

Do kraju tego, gdzie kruszynę chleba
Podnoszą z ziemi przez uszanowanie,
Dla d a r ó w  Nieba...
           Tęskno mi, Panie...

Do kraju tego, gdzie wina jest duża
Popsować gniazdo na gruszy bocianie,
Bo wszystkim służą...
           Tęskno mi, Panie...

Do kraju tego, gdzie pierwsze ukłony
Są – jak odwieczne Chrystusa wyznanie:
„B a d ź  p o c h w a l o n y!"
           Tęskno mi, Panie...

Tęskno mi jeszcze i do rzeczy innej,
Której już nie wiem, gdzie leży mieszkanie
Równie niewinnej...
           Tęskno mi, Panie...

Do bez-tęsknoty i do bez-myślenia,
Do tych, co maja t a k  za  t a k  –  n i e  za  n i e  –
Bez swiatło-cienia...
           Tęskno mi, Panie...

Tęskno mi ówdzie, gdzie któż o mnie stoi?
I tak być musi, choć się tak nie stanie
Przyjaźni mojéj!...
           Tęskno mi, Panie...

# MY LITTLE SONG (II)
*by Cyprian Kamil Norwid (1821–1883)*

For the country dear where but a crumb of bread
Up from the ground with reverence we heave,
Adoring thus the Boon by Heaven spread…
    O Lord I grieve…

And for the land where storks nests to destroy
As a serious misdeed we do perceive,
For they provide us all with mirth and joy…
    O Lord I grieve...

And for the country where each greeting nod
Is dear to Him in whom we do believe,
For meeting friends we say: *"Praise be to God"*…
    O Lord I grieve...

But there is also something else I miss,
That's something different, equally naive;
Though I have no idea where that is...
    O Lord I grieve...

And for the griefless time of thoughtlessness,
For those who never fancy to deceive,
And take each *no* for *no* and *yes* for *yes*...
    O Lord I grieve...

And now who cares for me and for my woe
That even time so long may not relieve?
Not for my friendship, but it must be so...[1]
    O Lord I grieve...

---

[1] The original has: "I tak być musi, choć się tak nie stanie/Przyjaźni mojéj". The relation of the "friendship" to the rest of the stanza is equally unclear as in this my rendering of it.

# BURZA
*Adam Mickiewicz (1798–1855)*

Zdarto żagle, ster prysnął, ryk wód, szum zawiei,
Głosy trwożnej gromady, pomp złowieszcze jęki,
Ostatnie liny majtkom wyrwały się z ręki,
Słońce krwawo zachodzi, z nim reszta nadziei.

Wicher z tryumfem zawył, a na mokre góry,
Wznoszące się piętrami z morskiego odmętu,
Wstąpił jenijusz śmierci i szedł do okrętu,
Jak żołnierz szturmujący w połamane mury.

Ci leżą na pół martwi, ów załamał dłonie,
Ten w objęcia przyjaciół żegnając się pada,
Ci modlą się przed śmiercią, aby śmierć odegnać.

Jeden podróżny siedział w milczeniu na stronie
I pomyślił: szczęśliwy, kto siły postrada,
Albo modlić się umie, lub ma się z kim żegnać.

# THE TEMPEST
*by Adam Mickiewicz (1798–1855)*

The sail is torn, the rudder bursts, the waters roar,
All people yell, the pumps release a baleful wail,
The ropes yanked out of deckhands' palms: we've lost the sail!
Lo! Sun in blood-shade setting, hope there is no more.

The gale in triumph howls, and on the sodden hills
That rise above the chaos of the fatal sea,
A genius of death ascended, and now he
Assails the fortress long destroyed and further kills.

Some on the deck lie dying, drowning in despair;
Some fall in neighbor's arms and sadly say good bye;
Some pray to drive the death away, some pray to die.

One passenger sat calmly in a corner there,
And thought: Oh happy he who's swooned amid this hell,
Or prays or knows a man to say the last farewell!

# DO*** NA ALPACH W SPLÜGEN 1829

*Adam Mickiewicz (1798–1855)*

Nigdy, więc nigdy z tobą rozstać się nie mogę!
Morzem płyniesz i lądem idziesz za mną w drogę,
Na lodowiskach widzę błyszczące twe ślady
I głos twój słyszę w szumie alpejskiej kaskady,
I włosy mi się jeżą, kiedy się oglądam,
I postać twoję widzieć lękam się i żądam.
Niewdzięczna! Gdy ja dzisiaj, w tych podniebnych górach.
Spadający w otchłanie i niknący w chmurach,
Wstrzymuję krok, wiecznymi utrudzony lody.
I oczy przecierając z lejącej się wody,
Szukam północnej gwiazdy na zamglonym niebie,
Szukam Litwy i domku twojego, i ciebie;
Niewdzięczna! może dzisiaj, królowa biesiady,
Ty w tańcu rej prowadzisz wesołej gromady,
Lub może się nowymi miłostkami bawisz,
Lub o naszych miłostkach śmiejąca się prawisz,
Powiedz, czyś ty szczęśliwsza, że ciebie poddani,
Niewolnicze schylając karki, zowią Pani!
Że cię rozkosz usypia i wesołość budzi,
I że cię nawet żadna pamiątka nie nudzi?
Czy byłabyś szczęśliwsza, gdybyś, moja miła,
Wiernego ci wygnańca przygody dzieliła?
Ach! Ja bym cię za rękę po tych skałach wodził,
Ja bym trudy podróżne piosenkami słodził,
Ja bym pierwszy w ryczące rzucał się strumienie
I pod twą nóżkę z wody dostawał kamienie.
I przeszłaby twa nóżka wodą nie dotknięta,
A całowaniem twoje ogrzałbym rączęta.
Spoczynek by nas czekał pod góralską chatą:
Tam zwleczoną z mych barków okryłbym cię szatą,
A ty byś przy pasterskim usiadłszy płomieniu
Usnęła i zbudziła na moim ramieniu.

# TO*** UPON THE ALPS IN SPLÜGEN 1829
*by Adam Mickiewicz (1798-1855)*

So never may I bid thee now farewell:
Thou follow'st me through every mount and dell,
I see thee on the Alpine glaciers tall,
I hear thy voice in every waterfall;
My heart throbs heav'ly when I turn around
To see thee but I'm scared to hear a sound.

Ungrateful thou! While in these mountains high,
I lose my way beneath the somber sky,
Or, weary so, step down a mountain slope,
I raise my head toward the skies and hope
To see the Northern Star that pilots me,
To find Lithuania, thy house and thee.
Ungrateful thou! Perhaps today a queen
In a company that I have never seen.
Perhaps enchanted by new loves, in play,
Of our passed love thou speak'st with them today.
Say, art thou happy at this time at all
When servants bow at thy, Milady's, call;
When pleasure lulls thee now to sleep at night,
Or when thou playest in the morning light?
And realy holdest thou memory,
Which now and then could somehow trouble thee?
Wouldst thou be happier if thou shared'st thy life
With a merry traveler and wast his wife?
My dear, we would be hiking all day long,
Thy hardships I would sweeten with a song;
I'd be the first in every rivulet
To find some little stones therein and let
Thy feet, untouched by water, feel the sand.
I would caress thee, Dearest, kiss thy hand.
And we would find some lovely mountain hut,
I'd let thee off my back, the door I'd shut;
We'd sit by a fire and thou with elfin charm
Wouldst fall asleep and wake upon my arm.

# NIEPEWNOŚĆ
*Adam Mickiewicz (1798–1855)*

Gdy cię nie widzę, nie wzdycham, nie płaczę,
Nie tracę zmysłów, kiedy cię zobaczę;
Jednakże gdy cię długo nie oglądam,
Czegoś mi braknie, kogoś widzieć żądam;
I tęskniąc sobie zadaję pytanie:
Czy to jest przyjaźń? czy to jest kochanie?

Gdy z oczu znikniesz, nie mogę ni razu
W myśli twojego odnowić obrazu?
Jednakże nieraz czuję mimo chęci,
Że on jest zawsze blisko mej pamięci.
I znowu sobie powtarzam pytanie:
Czy to jest przyjaźń? czy to jest kochanie?

Cierpiałem nieraz, nie myślałem wcale,
Abym przed tobą szedł wylewać żale;
Idąc bez celu, nie pilnując drogi,
Sam nie pojmuję, jak w twe zajdę progi;
I wchodząc sobie zadaję pytanie;
Co tu mię wiodło? przyjaźń czy kochanie?

Dla twego zdrowia życia bym nie skąpił,
Po twą spokojność do piekieł bym zstąpił;
Choć śmiałej żądzy nie ma w sercu mojem,
Bym był dla ciebie zdrowiem i pokojem.
I znowu sobie powtarzam pytanie:
Czy to jest przyjaźń? czy to jest kochanie?

Kiedy położysz rękę na me dłonie,
Luba mię jakaś spokojność owionie,
Zda się, że lekkim snem zakończę życie;
Lecz mnie przebudza żywsze serca bicie,
Które mi głośno zadaje pytanie:
Czy to jest przyjaźń? czyli też kochanie?

# UNCERTAINTY
*by Adam Mickiewicz (1798-1855)*

Away from thee I never weep nor sigh,
And lose I not my mind when thou art nigh.
But if for a while I have no word with thee,
There's something missing, someone I must see.
I wonder, yearning thus for days on end:
Art thou my love or maybe just a friend?

When thou hast gone, I cannot in my mind
Recall thy face though gentle so and kind.
However, oft I feel, yet wish it not,
That it is somewhere really near my thought.
And all these doubts of mine may never end:
Art thou my love or maybe just a friend?

I suffered much, but reckoned not, as yet,
To go and let thee know my sad regret.
With no idea where my feet should go,
How come I find thy house I do not know;
And neither at thy door my doubts may end:
Art thou my love or maybe just a friend?

To save thy health, my life I would expend;
To grant thee peace, to Hell I would descend.
Though in my heart no bold desires I nest,
Do know that I would be thy health and rest.
But still these doubts of mine may never end:
Art thou my love or maybe just a friend?

And when thy hand lies gently in my palm,
My mind grows quiet, and my soul is calm;
Meseems my life may in this sleep depart,
But wakes me up the beating of thy heart,
And thus return my doubts that know no end:
Art thou my love or maybe just a friend?

Kiedym dla ciebie tę piosenkę składał,
Wieszczy duch mymi ustami nie władał;
Pełen zdziwienia, sam się nie postrzegłem,
Skąd wziąłem myśli, jak na rymy wbiegłem;
I zapisałem na końcu pytanie:
Co mię natchnęło? przyjaźń czy kochanie?

Composing this my song for thee, my mind
Was not to any bardic mood inclined;
I am amazed myself, it baffles me
How I have found the thoughts and rhymes for thee,
To finally write these doubts that may not end:
Art thou my love or maybe just a friend?

# DO MEGO CICERONE
*Adam Mickiewicz (1798–1855)*

Mój cicerone! oto na pomniku
Jakieś niekształtne, nieznajome imię
Wędrownik skreślił na znak, że był w Rzmie
Ja chcę coś wiedzieć o tym wędrowniku

Może go wkrótce przyjmie do gospody
Kłótliwa fala, może piasek niemy
Zatai jego życie i przygody,
I nigdy o nim nic się nic dowiemy.

Ja chcę odgadnąć, co on czuł i myślił,
Gdy w księdze twojej, śród włoskiej krainy,
Za cały napis to imię wykryślił,
Na drodze życia ten swój ślad jedyny.

Czy drżącą ręką, po długim dumaniu,
Rył go powoli, jak nagrobek w skale?
Czy go odchodząc uronił niedbale,
Jako samotną łzę przy pożegnaniu?

Mój cziczerone! dziecinne masz lice,
Lecz mądrość stara nad twym świeci czołem;
Przez rzymskie bramy, groby i świątnice
Tyś przewodniczym był dla mnie aniołem;

Ty umiesz przejrzeć nawet w serce głazu;
Gdy błękitnymi raz rzucisz oczyma,
Odgadniesz przeszłość z jednego wyrazu –
Ach, ty wiesz może i przyszłość pielgrzyma?

# TO MY CICERONE[1]
*by Adam Mickiewicz (1798–1855)*

My Cicerone, on this monument
A name protrudes obscured by time and gloam[2],
Engraved by a man to mark his stay in Rome.
I must needs know that traveler's intent.

Perhaps he will be welcomed at the inns
By joyful cries, perhaps the speechless sand
Will hide his acts of kindness and the sins
Which we shall never know nor understand.

I have to know what then he felt and thought
When in this stony book of Italy,
Instead of a phrase his name he merely wrought,
Of all his life the only trace to be.

Did he with a trembling hand engrave it here,
As if a tombstone in a steadfast rock,
Or rashly cut the words upon this block
As if a sad and lonely good-bye tear?

My Cicerone! Childish is thy face,
But ancient wisdom o'er thy forehead shines,
Through Roman gates I followed thee apace,
Thou wast my guarding angel in the shrines.

Oh, Thou canst even look through a heart of stone,
When thou but glancest at its stubborn shell,
From a single word the past to thee is known,
Perhaps thou know'st the pilgrim's fate to tell.

---

[1] A tourist guide in Italy (pronounced: cheecherony)
[2] Twilight

# ODA DO MŁODOŚCI
*Adam Mickiewicz (1798–1855)*

Bez serc, bez ducha, to szkieletów ludy;
Młodości! dodaj mi skrzydła!
Niech nad martwym wzlecę światem
W rajską dziedzinę ułudy:
Kędy zapał tworzy cudy,
Nowości potrząsa kwiatem
I obleka w nadziei złote malowidła.

Niechaj, kogo wiek zamroczy,
Chyląc ku ziemi poradlone czoło,
Takie widzi świata koło,
Jakie tępymi zakreśla oczy.

Młodości! ty nad poziomy
Wylatuj, a okiem słońca
Ludzkości całe ogromy
Przeniknij z końca do końca.

Patrz na dół – kędy wieczna mgła zaciemia
Obszar gnuśności zalany odmętem;
To ziemia!
Patrz. jak nad jej wody trupie
Wzbił się jakiś płaz w skorupie.
Sam sobie sterem, żeglarzem, okrętem;
Goniąc za żywiołkami drobniejszego płazu,
To się wzbija, to w głąb wali;
Nie lgnie do niego fala, ani on do fali;
A wtem jak bańka prysnął o szmat głazu.
Nikt nie znał jego życia, nie zna jego zguby:
To samoluby!

Młodości! tobie nektar żywota
Natenczas słodki, gdy z innymi dzielę:
Serca niebieskie poi wesele,
Kiedy je razem nić powiąże złota.

# ODE TO YOUTH
*by Adam Mickiewicz (1798–1855)*

No Heart, no Spirit – Lo! cadaverous crowds!
O Youth! Pass me thy wings,
And let me o'er the dead earth soar;
Let me vanish in delusion's clouds,
Where many the Zeal begets a wonder
And grows a flower of novelty up yonder,
Adorned in Hope's enamellings.

Who by his elder age shall darkened be
His toilsome forehead to the ground bent low,
Let him no more perceive or know
Than his thus lowered selfish eyes may see.

Youth! Up and over the horizons rise,
And smoothly penetrate
With Thy all-seeing eyes
The nations small and great.

Lo there! The space of dearth,
Where putrid vapors in the chaos wrestle:
'Tis Earth!
Up from the waters where the dead wind blows
A shell-clad Reptile rose.
He is his own rudder, sailor and vessel.
He often dives and rises up with little trouble,
For some smaller brutes he craves,
The waves cleave not to him nor he to the waves;
And suddenly he bumps upon a rock and bursts like a bubble.
Nobody knew his life, and of his death nobody wists.
Egoists!

Oh Youth! The ambrosia of life be Thine
When I with friends do share the time so sweet
When youthful hearts at heav'nly feasting meet
And golden threads around them all entwine.

Razem, młodzi przyjaciele!...
W szczęściu wszystkiego są wszystkich cele;
Jednością silni, rozumni szałem,
Razem, młodzi przyjaciele!...
I ten szczęśliwy, kto padł wśród zawodu,
Jeżeli poległym ciałem
Dał innym szczebel do sławy grodu.
Razem, młodzi przyjaciele!...
Choć droga stroma i śliska,
Gwałt i słabość bronią wchodu:
Gwałt niech się gwałtem odciska,
A ze słabością łamać uczmy się za młodu!

Dzieckiem w kolebce kto łeb urwał Hydrze,
Ten młody zdusi Centaury,
Piekłu ofiarę wydrze,
Do nieba pójdzie po laury.

Tam sięgaj, gdzie wzrok nie sięga;
Łam, czego rozum nie złamie:
Młodości! orla twych lotów potęga,
Jako piorun twoje ramię.

Hej! ramię do ramienia! spólnymi łańcuchy
Opaszmy ziemskie kolisko!
Zestrzelmy myśli w jedno ognisko
I w jedno ognisko duchy!...

Dalej, bryło, z posad świata!
Nowymi cię pchniemy tory,
Aż opleśniałej zbywszy się kory,
Zielone przypomnisz lata.

A jako w krajach zamętu i nocy,
Skłóconych żywiołów waśnią,
Jednym „stań się" z bożej mocy
Świat rzeczy stanął na zrębie;
Szumią wichry, cieką głębie,
A gwiazdy błękit rozjaśnią –

*En masse*, Young Friends!
In happiness our ends.
Strong in unison, reasoned in rage:
Move on, Young Friends!
And happy he that perished in the strife
If for the others he'd prepared the stage
Of fame and honored life.
*En masse*, Young Friends!
Though steep and icy be our path
Though force and frailty guard the door:
When force is used, with force respond and wrath;
While young, upon our frailty wage a war.

Who, as a child, detached foul Hydra's head,
In Youth, shall strangle Centaurs even;
Snatch victims from the Devil dread,
And for the laurels march to Heaven.

Up and reach the places out of sight,
Break that to which the brain can do no harm!
Youth! Mighty as an eagle's is Thy flight,
As a thunderbolt – Thine arm!

Hey, arm to arm! by chains
Let's bind the earth around;
To one focus bring each sound,
To one focus spirits bring and brains!

Move on, Thou Clod! Leave the foundations of the world!
We'll make Thee roll where Thou hast never rolled,
When finally vanishes from Thee the mold,
Green years shall be once more, Thy sails unfurled.

Since in the land of darkness and of night,
The Elements have fallen out;
By a simple *Let there be*, due to Heaven's might,
The world of things is made;
Gales are blowing, shelters give no shade,
And soon the stars will brighten Heaven all about;

W krajach ludzkości jeszcze noc głucha:
Żywioły chęci jeszcze są w wojnie;
Oto miłość ogniem zionie,
Wyjdzie z zamętu świat ducha:
Młodość go pocznie na swoim łonie,
A przyjaźń w wieczne skojarzy spojnie.

Pryskają nieczułe lody
I przesądy światło ćmiące;
Witaj, jutrzenko swobody,
Zbawienia za tobą słońce!

While in the land of men a night so dumb,
The elements of Will are yet at war;
But Love shall soon burst forth like fire;
Out of the dark, the world of Soul will come,
In Youth's conceived desire,
By friendship braced forever more.

The ice, so long unmoved, is bursting now,
With superstitions that have dimmed the light.
Hail, Dawn of Liberty! Oh, Long live Thou!
Thou carriest the Redeeming Sun so bright.

# [BROŃ MNIE PRZED SOBĄ SAMYM]
*Adam Mickiewicz (1798–1855)*

Broń mnie przed sobą samym – maszże dość potęgi;
Są chwile, w których na wskróś widzę Twoje księgi,
Jak słońce mgłę przeziera, która ludziom złotą,
Brylantową zdaje się, a słońcu – ciemnotą.
Człowiek większy nad słońce wie, że ta powłoka
Złota – ciemna jest tylko tworem jego oka.

Oko w oko utapiam w Tobie ma źrenice,
Chwytam Ciebie rękami za obie prawice
I krzyczę na głos cały: Wydaj tajemnicę!
Dowiedź, żeś jest mocniejszy, lub wyznaj, że tyle
Tylko, ile ja, możesz w mądrości i w sile.
Nie znasz początku Twego; a czyi ludzkie plemię
Wie, od jakiego czasu upadło na ziemię?
Bawisz się tylko ciągle, badając sam siebie;
Cóż robi rodzaj ludzki? w swych dziejach się grzebie.
Twoja mądrość samego siebie nie dociecze.
A czyliż samo siebie zna plemię człowiecze?
Jeden masz nieśmiertelność; my czy jej nie mamy?
I znasz siebie, i nie znasz; my czy siebie znamy?
Końca Twojego nie znasz; my kiedyż się skończym?
Dzielisz się, łączysz; i my dzielim się i łączym.
Tyś różny: i my zawsze myślą rozróżnieni.
Tyś jeden: i my zawsze sercem połączeni.
Tyś potężny w niebiosach; my tam gwiazdy śledzim.
Wielkiś w morzach; my po nich jeździm, głąb ich zwiedzim.
O Ty, co świecąc nie znasz wschodu i zachodu,
Powiedz, czym się Ty różnisz od ludzkiego rodu?
Toczysz walkę z szatanem w niebie i na ziemi;
My walczym w sobie, w świecie z chęciami własnemi.
Ty sam na siebie wdziałeś raz postać człowieka.
Powiedz, czyś wziął na chwilę, czyś ją miał od wieka?

# [DEFEND ME FROM MYSELF][1]
*by Adam Mickiewicz (1798–1855)*

Defend me from myself, why, Thou know'st how.
Sometimes I scan Thy books, I scan them now.
As the Sun peeps through their mist that may appear
To us real gold – to the Sun 'tis darkness sheer.
But man outdoes the Sun, he knows too well
This golden veil but in his eyes may dwell.

I look into Thine eyes, Thou star'st at me
I grasp Thy hands, and standing next to Thee
I cry aloud: "Reveal the mystery".
Prove now Thy strength or do admit this hour
That we are equal both in wit and power.
Thou knowest not the season of Thy birth:
Do people know when they appeared on earth?
Now, Thou explorest Thine own self so vast;
And what do people do? – research their past.
Thy wisdom even cannot solve Thy case:
And can we, people, know the human race?
Thyself Thou know'st and knowest not and we
Know not ourselves, immortals though like Thee!
Thou knowest not Thy end, but notice, please,
We know not either when we come to cease.
Thou canst divide Thyself and then unite:
We can divide at day and join at night.
Thou art so various – our thoughts apart;
As Thou art one so we are one at heart.
Thou reign'st in Heav'n, we watch the starry motions;
Thou rul'st the seas while we explore the oceans.
Oh, Thou whose glow can neither rise nor set,
Say what Thou hast that we may never get?
In Heav'n and Earth Thou struggl'st with the devil,
And we are endlessly at war with evil.
Thou took'st the form of men, so say the sages:
Was that for a while or hadst Thou one since ages?

---

[1] The original has: "sobą samym", which can be translated as either "thyself" or "myself", so it is ambiguous. As the reflexive is not capitalized, I suppose it refers to the speaker and not to God.

# DO MŁODYCH
*Adam Asnyk (1838–1897)*

Szukajcie prawdy jasnego płomienia!
Szukajcie nowych, nie odkrytych dróg...
Za każdym krokiem w tajniki stworzenia
Coraz się dusza ludzka rozprzestrzenia,
I większym staje się Bóg!

Choć otrząśniecie kwiaty barwnych mitów,
Choć rozproszycie legendowy mrok,
Choć mgłę urojeń zedrzecie z błękitów,
Ludziom niebiańskich nie zbraknie zachwytów,
Lecz dalej sięgnie ich wzrok!

Każda epoka ma swe własne cele
I zapomina o wczorajszych snach...
Nieście więc wiedzy pochodnię na czele
I nowy udział bierzcie w wieków dziele,
Przyszłości podnoście gmach!

Ale nie depczcie przeszłości ołtarzy,
Choć macie sami doskonalsze wznieść;
Na nich się jeszcze święty ogień żarzy
I miłość ludzka stoi tam na straży,
I wy winniście im cześć!

Ze światem, który w ciemność już zachodzi
Wraz z całą tęczą idealnych snów,
Prawdziwa mądrość niechaj was pogodzi –
I wasze gwiazdy, o zdobywcy młodzi,
W ciemnościach pogasną znów!

# TO THE YOUNG
*by Adam Asnyk (1838–1897)*

The brightening flame of truth pursue,
Seek to discover ways no human knows.
With every secret now revealed to you,
The soul of man expands within the new.
And God still bigger grows!

Although you may the flowers of myths remove,
Although you may the fabulous dark disperse,
And tear the mist of fancy from above;
There'll be no shortage of new things to love,
Farther in the universe.

Each epoch has its special goals in store,
And soon forgets the dreams of older days.
So, bear the torch of learning in the fore,
And join the making of new eras' lore.
The House of the Future raise!

But trample not the altars of the past!
Although you shall much finer domes erect.
The holy flames upon the stones still last,
And human love lives there and guards them fast.,
And them you owe respect!

Now with the world that vanishes from view,
Dragging down the perfect rainbow of delight,
Be gently reconciled in wisdom true.
Your stars, oh, youthful conquerors, they, too,
Will fade into the night!

# DAREMNE ŻALE
*Adam Asnyk (1838–1897)*

Daremne żale – próżny trud,
　Bezsilne złorzeczenia!
Przeżytych kształtów żaden cud
　Nie wróci do istnienia.

Świat wam nie odda, idąc wstecz,
　Znikomych mar szeregu
Nie zdoła ogień ani miecz
　Powstrzymać myśli w biegu.

Trzeba z żywymi naprzód iść,
　Po życie sięgać nowe...
A nie w uwiędłych laurów liść
　Z uporem stroić głowę.

Wy nie cofniecie życia fal!
　Nic skargi nie pomogą
Bezsilne gniewy, próżny żal!
　Świat pójdzie swoją drogą.

# OH, VOID COMPLAINTS
*by Adam Asnyk (1838–1897)*

Oh, void complaints and vain endeavor,
    Abortive woes and fruitless pain.
The past no miracle will ever
    Return to former life again.

The world shall never, backward going,
    Return your scanty dreams, no chance!
No sharpened sword, no fire a-glowing
    May stop the rushing thought's advance.

It is the living we must follow,
    And leave the former life beneath.
Abandon the persistence hollow,
    Shake off the withered laurel wreath!

Unstopped the waves of life proceeding!
    No aid in protests you may raise.
Oh, useless wrath and futile pleading!
    The world shall follow its own ways.

# MIĘDZY NAMI NIC NIE BYŁO
*Adam Asnyk (1838–1897)*

Między nami nic nie było!
Żadnych zwierzeń, wyznań żadnych,
Nic nas z sobą nie łączyło
Prócz wiosennych marzeń zdradnych;

Prócz tych woni, barw i blasków
Unoszących się w przestrzeni,
Prócz szumiących śpiewem lasków
I tej świeżej łąk zieleni;

Prócz tych kaskad i potoków
Zraszających każdy parów,
Prócz girlandy tęcz, obłoków,
Prócz natury słodkich czarów;

Prócz tych wspólnych, jasnych zdrojów,
Z których serce zachwyt piło,
Prócz pierwiosnków i powojów
Między nami nic nie było!

# NO, NOTHING HAPPENED THERE
*by Adam Asnyk (1838–1897)*

No, nothing happened there between us two.
Confessions none, no secrets to reveal.
No obligations had we to pursue,
But for the springtide fancies so unreal;

But for the fragrances and colors bright
That floated freely in the mirthful air,
But for the singing groves by day or night,
And all the green and fragrant meadows there;

But for the brooks and waterfalls up high
That cheerfully sprinkled every gorge and dell,
But for the clouds and rainbows in the sky,
But for the nature's of all sweetest spell.

But for the lucid fountains we did share,
Wherefrom our hearts would drink delights so true,
But for the primroses and bindweeds there,
No, nothing happened there between us two.

# SONET (JEDNEGO SERCA)
*Adam Asnyk (1838–1897)*

Jednego serca! tak mało, tak mało,
Jednego serca trzeba mi na ziemi!
Co by przy moim miłością zadrżało,
A byłbym cichym pomiędzy cichemi.

Jednych ust trzeba! Skąd bym wieczność całą
Pił napój szczęścia ustami mojemi,
I oczu dwoje, gdzie bym patrzał śmiało,
Widząc się świętym pomiędzy świętemi.

Jednego serca i rąk białych dwoje!
Co by mi oczy zasłoniły moje,
Bym zasnął słodko, marząc o aniele,

Który mnie niesie w objęciach do nieba;
Jednego serca! Tak mało mi trzeba,
A jednak widzę, że żądam za wiele!

# A SONNET (ONE HEART)
*by Adam Asnyk (1838–1897)*

One heart, one heart is all I'm dreaming of
One heart upon this sullen earth I seek.
A heart to tremble with my heart in love,
So that I be a meek one mid the meek.

One pair of lips, wherefrom my lips for aye
Would drink the drink of joy with no constraints.
Two eyes that I could marvel at each day,
And see myself a saint among the saints.

One heart I need, two hands both soft and white
To veil my eyes and gently bar the light,
So I may fall asleep and by a touch

Of an angel's cheek be carried to the sky.
One heart, one heart, so little though need I,
I see and know that I demand too much.

# KONIEC WIEKU XIX
*Kazimierz Przerwa-Tetmajer (1865–1940)*

Przekleństwo?... Tylko dziki, kiedy się skaleczy,
złorzeczy swemu bogu, skrytemu w przestworze.
Ironia?... Lecz największe z szyderstw czyż się może
równać z ironią biegu najzwyklejszych rzeczy?

Wzgarda... lecz tylko głupiec gardzi tym ciężarem,
którego wziąć na słabe nie zdoła ramiona.
Rozpacz?... Więc za przykładem trzeba iść skorpiona,
co się zabija, kiedy otoczą go żarem?

Walka?... Ale czyż mrówka rzucona na szyny
może walczyć z pociągiem nadchodzącym w pędzie?
Rezygnacja?... Czyż przez to mniej się cierpieć będzie,
gdy się z poddaniem schyli pod nóż gilotyny?

Byt przyszły?... Gwiazd tajniki któż z ludzi ogląda,
kto zliczy zgasłe słońca i kres światu zgadnie?
Użycie?... Ależ w duszy jest zawsze coś na dnie.
co wśród użycia pragnie, wśród rozkoszy żąda.

Cóż więc jest? Co zostało nam, co wszystko wiemy,
dla których żadna z dawnych wiar już nie wystarcza?
Jakaż jest przeciw włóczni złego twoja tarcza,
człowiecze z końca wieku?... Głowę zwiesił niemy.

# THE END OF THE 19th CENTURY
*by Kazimierz Przerwa-Tetmajer (1865–1940)*

A curse?... But only savages in pain
abuse their god that's hiding in the air.
An irony?... but how can you compare
most dreadful scorns with every day's disdain?

Contempt?... but only fools despise the weight
that is too heavy for their feeble arms.
Despair?... so hearing danger's grim alarms
just like a scorpion we end our fate?

Struggle?... but how an ant succeed in strife
when thrust upon a rail before the train?
Resignation?... but can there be less pain
when we acquiesce to the butcher's knife?

The future life?... The stars who can explore,
and who can guess the ending of the world?
Joy?... but at the bottom of our souls lie furled,
those thoughts that mid enjoyment cry for more.

So what is left? In all the faiths of yore
we find no comfort. Things for us are clear.
What is your shield against the evil's spear,
man of the *fin-de-siècle*?... He spoke no more.

# HYMN DO NIRWANY
*Kazimierz Przerwa-Tetmajer (1865–1940)*

Z otchłani klęsk i cierpień podnoszę głos do ciebie,
    Nirwano!
Przyjdź twe królestwo jako na ziemi, tak i w niebie,
    Nirwano!
Złemu mnie z szponów wyrwij, bom jest utrapień srodze,
    Nirwano!
I niech już więcej w jarzmie krwawiącym kark nie chodzę,
    Nirwano!
Oto mi ludzka podłość kałem w źrenice bryzga,
    Nirwano!
Oto się w złości ludzkiej błocie ma stopa ślizga,
    Nirwano!
Oto mię wstręt przepełnił, ohyda mię zadusza,
    Nirwano!
I w bólach konwulsyjnych tarza się moja dusza,
    Nirwano!
O przyjdź i dłonie twoje połóż na me źrenice,
    Nirwano!
Twym unicestwiającym oddechem pierś niech sycę,
    Nirwano!
Żem żył, niech nie pamiętam, ani wiem, że żyć muszę,
    Nirwano!
Od myśli i pamięci oderwij moją duszę,
    Nirwano!
Od oczu mych odegnaj złe i nikczemne twarze,
    Nirwano!
Człowiecze zburz przede mną bożyszcza i ołtarze,
    Nirwano!
Niech żywot mię silniejszych, słabszych śmierć nie uciska,
    Nirwano!
Niech błędny wzrok rozpaczy przed oczy mi nie błyska,
    Nirwano!
Niech otchłań klęsk i cierpień w łonie się twym pogrzebie,
    Nirwano!
I przyjdź królestwo twoje na ziemi, jak i w niebie,
    Nirwano!

# HYMN TO NIRVANA
*by Kazimierz Przerwa-Tetmajer (1865–1940)*

Down from the depths of woe and pain to Thee I cry,
  Nirvana!
Thy kingdom come on Earth and so in Heaven high,
  Nirvana!
Snatch me now from evil's claws, for my arms are sore,
  Nirvana!
And in the yoke that bleeds the neck let me walk no more,
  Nirvana!
My eyes are splashed with human baseness' excrement,
  Nirvana!
My foot is sliding in the people's mad intent,
  Nirvana!
Abomination strangles me, disgust insane,
  Nirvana!
My soul is wallowing in pain, convulsive pain,
  Nirvana!
O come and may Thy hands upon my eyelids rest,
  Nirvana!
May thy annihilating breath satiate my breast,
  Nirvana!
My past and future life let me remember not,
  Nirvana!
Detach my soul from all my memory and thought,
  Nirvana!
And drive away from me the faces mean and foul,
  Nirvana!
Destroy the altars and the man-made gods that prowl,
  Nirvana!
Strong men's lives and weaklings' deaths: may these oppressions cease,
  Nirvana!
And May the vacant stares of desperation vanish please,
  Nirvana!
Let the depths of woe and pain upon my bosom die,
  Nirvana!
Thy kingdom come on Earth and so in Heaven high,
  Nirvana!

# WITAJCIE, KOCHANE GÓRY
*Jan Kasprowicz (1860–1926)*

Witajcie, kochane góry,
O, witaj, droga ma rzeko!
I oto znów jestem z wami,
A byłem tak daleko!

Dzielili mnie od was ludzie,
Wrzaskliwy rozgwar miasta,
I owa śmieszna cierpliwość,
Co z wyrzeczenia wyrasta.

Oddalne to są przestrzenie,
Pustkowia, bezpłodne głusze,
Przerywa je tylko tęsknota,
Co ku wam pędzi duszę.

I ona mnie wreszcie przygnała,
Że widzę was oko w oko,
Że słyszę, jak szumisz, ty wodo,
Szeroko i głęboko.

Tak! Chodzę i patrzę, i słucham –
O jakżeż tu miło! jak miło! –
I śledzę, czy coś się tu może
Od kiedyś nie zmieniło?

Nic, jeno w chacie przydrożnej
Zmarł mój przyjaciel leciwy
I uschły dwie wierzby nad rowem,
Strażniczki wiosennej niwy.

A za to świeżym się liściem
Pokryły nasze jesiony
I jaskry się złocą w trawie
Zielonej, nie pokoszonej.

A za to płyną od pola
Twórcze podmuchy wieczności,
Co śmierć na życie przetwarza
I ścieżki myśli mych prości.

# WELCOME MY BELOVED MOUNTAINS
*by Jan Kasprowicz (1860–1926)*

Welcome my beloved mountains,
Welcome O my river dear!
I used to be so far away,
But now again I am so near.

Crowds of people stood between us,
And the hubbub of the street;
And the patience farcical
That oft in sacrifice we meet.

Those are all remote domains,
Wilderness, and sterile waste;
Ruptured only by the longings
That my soul to you still haste.

My grief has brought me back to you,
So I am standing by your side,
O mountains, and I'm listening to
The waters' murmur deep and wide.

Yes! I am hiking, looking, listening...
How beautifully is all arranged!
And I am seeking to find out
If anything, since then, has changed.

Nothing, only in a roadside cabin
A friend of mine has died of age,
Withered are the willows two
That used to guard the springtide's stage.

Upon our olden ash-trees though
New leaves again have densely grown,
Yellow buttercups are shining
Among the greening grass unmown.

And from the fields I feel now blowing
Eternity's creative breeze
That into life transforms all death,
And puts my thoughts again at ease.

Witajcie, kochane góry,
O, witaj, droga ma rzeko!
I oto znów jestem z wami,
A byłem tak daleko!

Welcome my beloved mountains,
Welcome O my river dear!
I used to be so far away,
But now again I am so near.

# FIRMA PORTRETOWA
*Stanisław Ignacy Witkiewicz (Witkacy) (1885–1939)*

Dziś albo jutro
Na bordo papierze
Muszę się uporać
Z twą mordą frajerze.

Quel sâle métier que la peinture
Quel sâle, quel sâle métier
On peint chaque geule sans murmure
Pour avoir un peu de la monnaie.

Nie jest to przyjemność duża
Cały dzień malować stróża
I za taki marny zysk
Zgłębiać taki głupi pysk.

# A PORTRAIT COMPANY
*by Stanisław Ignacy Witkiewicz (Witkacy) (1885–1939)*

Today or tomorrow
On a claret paper clean and smug,
I have to get it done
With your sucker's mug.

What a filthy trade it is to paint.
What a filthy, filthy trade,
To limn each puss with no complaint,
And only to be poorly paid[1].

It's no great fun, I say,
To paint a janitor all day,
And for some bread
Explore the stupid head

---

[1] This stanza is originally in French:

> Quel sâle métier que la peinture.
> Quel sâle, quel sâle métier.
> On peint chaque geule sans murmure,
> Pour avoir un peu de la monnaie.

# [NIECH NIKT NAD GROBEM MI NIE PŁACZE]
*Stanisław Wyspiański (1869–1907)*

1. Niech nikt nad grobem mi nie płacze,
krom jednej mojej żony,
za nic mi wasze łzy sobacze
i żal ten wasz zmyślony.

2. Niech dzwon nad trumną mi nie kracze
ni śpiewy wrzeszczą czyje;
niech deszcz na pogrzeb mój zapłacze
i wicher niech zawyje.

3. Niech kto chce grudę ziemi ciśnie,
aż koniec mnie przywali.
Nad kurhan słońce niechaj błyśnie
i zeschłą glinę pali.

4. A kiedyś może, kiedyś jeszcze,
gdy mi się sprzykrzy leżeć,
rozburzę dom ten, gdzie się mieszczę,
i w słońce pocznę bieżeć.

5. Gdy mnie ujrzycie, takim lotem
że postać mam już jasną,
to zawołajcie mnie z powrotem
tą mową moją własną.

6. Bym ją posłyszał, tam do góry,
gdy gwiazdą będę mijał –
podejmę może po raz wtóry
ten trud, co mnie zabijał

# [I WANT NO WEEPING AT MY GRAVE]
*by Stanisław Wyspiański (1869–1907)*

1st
I want no weeping at my grave,
except my wife's lamenting brief;
I need no tears of yours and save,
oh save yourselves the bogus grief.

2nd
I want no moaning of a bell
nor all that mourners' gloomy yowling;
oh, may the wind and rain raise hell,
and to my funeral come howling.

3rd
A lump of earth, if you're so bound,
hurl down before it's through, and may
the Sun illume my burial mound,
and ever burn the withered clay.

4th
But maybe there will come the time
when I feel weary of my rest:
I'll wrack the tomb and out will climb,
against the sun I shall contest.

5th
And when you see me then in flight,
my form aglow and out of reach,
require me to forsake the height,
but use the words of my own speech.

6th
So I can hear them, as of yore,
when then I pass a starry lane –
and maybe I'll take up once more
the strife that used to be my bane.

## About the translator

Jarek Zawadzki (1977–) was born in a little town of Kędzierzyn-Koźle in the south of Poland. He had attended high-school there and after graduation took up Chinese Studies at Warsaw University, where he majored in linguistics. In 2002, he won his MA degree and left for China. He has been living and working in the south of China since then. He is a freelance interpreter and translator.

He has translated some Chinese classical poets (*70 wierszy chińskich*) and the philosopher Lao Tzu (*Wielka księga Tao*) into Polish. Those translations have been published by MyBook Publishing. He has also rendered into Polish a long poem by a famous Esperanto poet William Auld (*Planeta Dzieci*); published by MyBook as well. Among his translations from Chinese into Polish there is also a comic book on the Book of Changes (*Księga Przemian*), published by Warsaw University publishing house: Dialog Wydawnictwo Akademickie. His Polish versions of two 21st century Chinese poets (Zhu Hao and Wang Yin) are meant to be published this fall (2007) by Ars Cameralis Silesiae Superioris.

You can learn more about his work as a translator of literature from his web site: http://tlumacz-literatury.pl